Santa Clara

Elam de Almeida Pimentel

Santa Clara
Novena e ladainha

1ª Reimpressão
Outubro/2016

EDITORA VOZES

Petrópolis

© 2014, Editora Vozes Ltda.
Rua Frei Luís, 100
25689-900 Petrópolis, RJ
www.vozes.com.br
Brasil

Todos os direitos reservados. Nenhuma parte desta obra poderá ser reproduzida ou transmitida por qualquer forma e/ou quaisquer meios (eletrônico ou mecânico, incluindo fotocópia e gravação) ou arquivada em qualquer sistema ou banco de dados sem permissão escrita da editora.

CONSELHO EDITORIAL

Diretor
Gilberto Gonçalves Garcia

Editores
Aline dos Santos Carneiro
Edrian Josué Pasini
José Maria da Silva
Marilac Loraine Oleniki

Conselheiros
Francisco Morás
Leonardo A.R.T. dos Santos
Ludovico Garmus
Teobaldo Heidemann
Volney J. Berkenbrock

Secretário executivo
João Batista Kreuch

Editoração: Fernando Sergio Olivetti da Rocha
Diagramação: Sheilandre Desenv. Gráfico
Capa: Omar Santos

ISBN 978-85-326-4715-3

Editado conforme o novo acordo ortográfico.

Este livro foi composto e impresso pela Editora Vozes Ltda.

Sumário

1 Apresentação, 7

2 História de Santa Clara, 9

3 Novena de Santa Clara, 13
   1º dia, 13
   2º dia, 14
   3º dia, 15
   4º dia, 17
   5º dia, 18
   6º dia, 20
   7º dia, 21
   8º dia, 22
   9º dia, 24

4 Orações a Santa Clara, 27

5 Ladainha de Santa Clara, 29

1

APRESENTAÇÃO

Clara, segundo a tradição, é a primogênita de cinco irmãos: dois homens e três mulheres, Clara, Inês e Beatriz. As duas irmãs, mais tarde, também se tornaram religiosas, e a mãe, da qual Clara recebeu sua formação cristã, após a morte do marido, foi para o Convento de São Damião, juntando-se à filha.

Clara, ainda na adolescência, ouviu a história de São Francisco, que também morava em Assis, e, mais tarde, resolveu ir para a comunidade onde São Francisco ajudava os pobres e lá encontrou a paz divina, a bondade, o valor do Evangelho e o amor a Deus.

Segundo a tradição, é considerada a padroeira da televisão e de todos os profissionais ligados à televisão por ter tido "visões" projetadas na parede de sua cela. (Na noite de Natal, acamada, doente, assistiu à celebração da missa que acontecia na Capela de Santa Maria dos Anjos, projetada na parede de sua cela. Viu também a celebração fúnebre de São Francisco de Assis.)

Este livrinho contém o breve histórico de Santa Clara, sua novena, orações e ladainha, como também passagens bíblicas, seguidas de uma oração para o pedido da graça especial, acompanhada de um Pai-nosso, uma Ave-Maria e um Glória-ao-Pai.

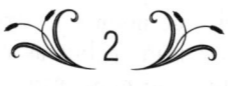

2
História de Santa Clara

Clara nasceu em Assis, Itália, em 1193, numa família nobre e rica. Foi uma jovem alta, loira e de grande beleza que enfrentou a família, recusando um casamento vantajoso. Segundo a tradição, o seu nome vem de uma inspiração dada à sua religiosa mãe, de que teria uma filha que iluminaria o mundo. Clara, desde cedo, destacou-se pela caridade e respeito pelos outros, tanto que, ao deparar-se com a pobreza evangélica vivida por São Francisco de Assis, resolveu segui-lo. Enfrentando a oposição da família, abandonou o lar e foi ao encontro de São Francisco, em Porciúncula, pequena capela nos campos de Assis, que serviu de residência aos primeiros frades de São Francisco. Este lhe cortou os cabelos e lhe deu o hábito, o cordão e o crucifixo.

A família, ao notar o desaparecimento de Clara, desencadeou buscas até descobrir que ela estava no convento, na comunidade de Francisco, e tudo fez para tirá-la dali, mas Clara permaneceu firme na decisão tomada. Mudou-se para outros lugares até surgir seu primeiro convento, na Igrejinha de São Damião, abrigando as damas pobres, as clarissas. Pouco tempo depois, suas irmãs, Inês e Beatriz, seguiram-na na vida religiosa, e sua mãe, ao ficar viúva, também foi para o convento das clarissas.

O seu primeiro milagre deu-se em vida. Conta-se que uma das irmãs de sua congregação havia saído para pedir esmolas para dar aos pobres que iam ao mosteiro. Como não conseguiu quase nada, voltou desanimada e foi consolada por Clara, que lhe disse: "Confia em Deus!" Quando Clara se afastou, a freira foi pegar o embrulho que trouxera e não conseguiu levantá-lo, pois tudo havia se multiplicado.

Quando a cidade de Assis foi assediada pelos sarracenos, os guerreiros já tinham galgado o muro do convento das clarissas para invadi-lo, e Clara, superiora do convento, enferma, levantou-se, dirigiu-se ao altar do Santíssimo Sacramento, tomou nas mãos a custódia com a hóstia consagrada e rezou em voz alta. Apoderou-se dos invasores um pânico inexplicável e eles fugiram apressadamente. A sua fama de santidade foi crescendo rapidamente e, após sofrer com graves enfermidades, Clara, já considerada santa pelo povo, faleceu aos 60 anos de idade. Devido aos inúmeros milagres relatados, acontecidos no túmulo da santa, ela foi canonizada dois anos após sua morte. É comemorada em 11 de agosto.

3

NOVENA DE SANTA CLARA

1º dia

Iniciemos com fé este primeiro dia de nossa novena, invocando a presença da Santíssima Trindade: em nome do Pai e do Filho e do Espírito Santo. Amém.

Leitura do Evangelho: Mt 6,20-21

Ajuntai riquezas no céu, onde nem traça nem ferrugem as corroem, onde os ladrões não arrombam nem roubam. Pois onde estiver vosso tesouro, aí também estará vosso coração.

Reflexão

Santa Clara entendeu esta mensagem do Evangelho e abdicou da riqueza do mundo, buscando o tesouro do céu. Seguiu de perto São Francisco de Assis, na vida de pobreza e amor ao próximo e a Deus.

Oração

Ó Santa Clara, olhai por nós, que vivemos em um mundo tão necessitado de vossa proteção. Ouvi meu pedido e concedei-me a graça que vos peço com confiança... (falar a graça que se deseja alcançar).

Pai-nosso.

Ave-Maria.

Glória-ao-Pai.

Santa Clara, intercedei por nós.

2º dia

Iniciemos com fé este segundo dia de nossa novena, invocando a presença da Santíssima Trindade: em nome do Pai e do Filho e do Espírito Santo. Amém.

Leitura do Evangelho: Lc 6,20

> Levantando os olhos para os discípulos, Jesus disse: "Felizes sois vós, os pobres, porque vosso é o Reino de Deus".

Reflexão

A mensagem do Sermão da Montanha, acima, insiste no tema dos pobres e humildes que são recebidos no Reino de Deus. Assim, o cristão deve distinguir-se pela pobreza, pelo desapego dos bens deste mundo. A mensagem de Jesus quer atingir e transformar as pessoas para que assim as estruturas injustas da sociedade possam ser transformadas.

Oração
Querida Santa Clara, vós que vos consagrastes ao seguimento de Jesus, vivendo em fraternidade com todos, ouvi meu pedido e concedei-me a graça que, com muita fé e confiança, vos peço... (mencionar a graça que deseja).

Pai-nosso.

Ave-Maria.

Glória-ao-Pai.

Santa Clara, intercedei por nós.

3º dia

Iniciemos com fé este terceiro dia de nossa novena, invocando a presença da Santíssima Trindade: em nome do Pai e do Filho e do Espírito Santo. Amém.

Leitura do Evangelho: Mt 5,14-16

Vós sois a luz do mundo. Não é possível esconder uma cidade situada sobre um monte; nem se acende uma lamparina para se pôr debaixo de uma vasilha, mas num candelabro, para que ilumine todos os da casa. É assim que deve brilhar vossa luz diante das pessoas, para que vejam vossas boas obras e glorifiquem vosso Pai que está nos céus!

Reflexão

"Vós sois a luz do mundo", palavras de Jesus para seus seguidores, segundo São Mateus. Santa Clara foi cheia de "luz" para as pessoas de sua época, demonstrando amor ao próximo, praticando caridade, segundo os ensinamentos de Jesus. Ela, junto com São Francisco de Assis, influenciou os jovens do seu tempo, renovando a Igreja.

Oração

Gloriosa Santa Clara, pela força que tendes junto a Deus e pela fé que me faz buscar vossa proteção, peço a vossa ajuda para o problema que me aflige... (especificar o problema, fazendo o pedido da graça).

Pai-nosso.

Ave-Maria.

Glória-ao-Pai.

Santa Clara, intercedei por nós.

4º dia

Iniciemos com fé este quarto dia de nossa novena, invocando a presença da Santíssima Trindade: em nome do Pai e do Filho e do Espírito Santo. Amém.

Leitura do Evangelho: Mt 23,13

> Ai de vós, escribas e fariseus hipócritas, que fechais o Reino dos Céus aos outros! Não entrais vós nem permitis que entrem os que o desejam.

Reflexão

Todos nós temos meios para conduzir outros para o caminho de Jesus com palavras e exemplos de vida. A entrada de Clara no convento provocou revolta e desespero em sua família. Mas a firmeza e as palavras levaram muitos a refletir e a seguir seu exemplo de amor a Deus.

Oração

Santa Clara, ajudai-me a encontrar o caminho para Deus e a sentir a presença dele em todas as situações. De modo especial, vos peço a graça ... (pede-se a graça desejada).

Pai-nosso.
Ave-Maria.
Glória-ao-Pai.
Santa Clara, intercedei por nós.

5º dia

Iniciemos com fé este quinto dia de nossa novena, invocando a presença da Santíssima Trindade: em nome do Pai e do Filho e do Espírito Santo. Amém.

Leitura do Evangelho: Lc 11,9-13

> Digo-vos, pois: Pedi e vos será dado; buscai e achareis; batei e vos abrirão.

Pois quem pede, recebe; quem procura, acha; e a quem bate, se abre. Que pai dentre vós dará uma pedra a seu filho que pede um pão? Ou lhe dará uma cobra se ele pedir um peixe? Ou se pedir um ovo lhe dará um escorpião? Se, pois, vós que sois maus, sabeis dar coisas boas aos vossos filhos, quanto mais o Pai do céu saberá dar o Espírito Santo aos que pedirem!

Reflexão

Através da oração nos relacionamos com Deus e com a confiança nele encontraremos o alívio necessário nas situações conflitivas.

Santa Clara reconheceu Jesus como seu único Senhor, meditando sua Palavra, tentando descobrir os sinais de Deus em sua vida. Orava, observava as pessoas, a natureza, tendo em mente descobrir o amor de Deus em tudo e acreditando na força da oração. Peçamos a Santa Clara que nos ajude a crer na força da oração.

Oração

Santa Clara, protetora nossa, derramai sobre mim vossa luz. Auxiliai-me a ser merecedor(a) das bênçãos e graças divinas e concedei-me a graça de que no momento tanto necessito...

Pai-nosso.

Ave-Maria.

Glória-ao-Pai.

Santa Clara, intercedei por nós.

6º dia

Iniciemos com fé este sexto dia de nossa novena, invocando a presença da Santíssima Trindade: em nome do Pai e do Filho e do Espírito Santo. Amém.

Leitura bíblica: 1Jo 3,18

> Filhinhos, não amemos com palavras nem com a língua, mas com obras e de verdade.

Reflexão

O Apóstolo João nos faz pensar na importância de nós, cristãos, amarmos a Deus, mas também demonstrarmos este amor com práticas: uma ajuda concreta, uma palavra amiga para os necessitados, sem esperar agradecimento, pois Deus é caridade, misericórdia, amor.

Oração

Querida Santa Clara, santa da caridade e amor ao próximo, a vós recorro e imploro que me obtenhais a graça... (falar a graça desejada).

Pai-nosso.

Ave-Maria.

Glória-ao-Pai.

Santa Clara, intercedei por nós.

7º dia

Iniciemos com fé este sétimo dia de nossa novena, invocando a presença da Santíssima Trindade: em nome do Pai e do Filho e do Espírito Santo. Amém.

Leitura bíblica: Rm 2,11

[...] pois Deus não faz distinção de pessoas.

Reflexão

Jesus nos diz que devemos amar uns aos outros, respeitando o próximo, sem preconceito, sem julgamento. Todas as pessoas são iguais perante Deus.

Oração

Santa Clara, vós que fostes amiga dos pobres e tivestes compaixão para com os necessitados, ajudai-me a superar qualquer tipo de preconceito contra a minha pessoa. Alcançai-me a graça de que tanto necessito... (falar a graça que se deseja alcançar).

Pai-nosso.
Ave-Maria.
Glória-ao-Pai.
Santa Clara, intercedei por nós.

8º dia

Iniciemos com fé este oitavo dia de nossa novena, invocando a presença da Santíssima Trindade: em nome do Pai e do Filho e do Espírito Santo. Amém.

Leitura bíblica: 1Jo 3,16-17

Nisto conhecemos o Amor: que Ele deu sua vida por nós. Também nós devemos dar a vida pelos irmãos. Se alguém possui riquezas neste mundo e vê o irmão passando necessidade, mas fecha o coração diante dele, como pode estar nele o amor de Deus?

Reflexão

Devemos ser solidários com nossos semelhantes, servindo aos necessitados, praticando assim os ensinamentos de Jesus. Santa Clara foi um exemplo de desapego e amor ao próximo.

Oração

Santa Clara, exemplo de bondade, dirigi vossos olhos para mim. Concedei-me a graça de que tanto necessito no momento... (falar a graça que se deseja alcançar).

Pai-nosso.

Ave-Maria.

Glória-ao-Pai.

Santa Clara, intercedei por nós.

9º dia

Iniciemos com fé este nono dia de nossa novena, invocando a presença da Santíssima Trindade: em nome do Pai e do Filho e do Espírito Santo. Amém.

Leitura do Evangelho: Mt 6,26

> Olhai os pássaros do céu: não semeiam, nem colhem, nem guardam em celeiros, mas o Pai celeste os alimenta.

Reflexão

Os problemas diários não podem balançar nossa fé em Jesus. O poder divino realiza milagres e é o nosso consolo em qualquer situação. São Mateus apresenta sua fé em Deus com a passagem acima – assim como aos pássaros, Deus não nos abandona. Também Santa Clara demonstrou uma confiança inabalável no Senhor, quando abandonou família, riqueza e viveu a experiência dos pássaros no céu – acreditou que devia buscar o Reino de Deus e todas as coisas lhe seriam dadas se necessárias à sua sobrevivência.

Oração

Santa Clara, graças vos dou pelo grande amor, fé e confiança em Deus. Guiai meu caminho, estando comigo em todos os momentos. Confio em vossa intercessão junto ao Pai, todo-poderoso, para o alcance da graça... (mencionar a graça).

Pai-nosso.

Ave-Maria.

Glória-ao-Pai.

Santa Clara, intercedei por nós.

4
ORAÇÕES A SANTA CLARA

Oração 1

Minha querida Santa Clara, que seguistes de perto São Francisco na vida de pobreza e no amor a Deus e ao próximo, olhai carinhosamente para o mundo de hoje, tão necessitado de vossa proteção. Ouvi meu pedido e concedei-me a graça que vos peço com confiança. Como verdadeiro necessitado, rogo-vos que me alcanceis de Cristo a saúde espiritual e corporal, para mim e meus familiares. Sobretudo, peço vossa ajuda para o problema que me aflige... (dizer o problema). Atendei-me, Santa Clara, pela força que tendes junto de Deus e pela fé que me faz buscar vossa proteção. Amém.

Oração 2 (Pela cura dos males da vista)

Faça o sinal da cruz: em nome do Pai e do Filho e do Espírito Santo.

Deus, que nos dais por amigos e protetores os vossos bem-aventurados santos, cujos corações estão cheios de zelo e de caridade por nós, eu vos suplico, concedei-nos a cura pelos méritos e preces de Assis, a fim de podermos vos render graças eternamente.

Santa Clara, que curais os males da vista, orai por nós.

Santa Clara, protetora dos doentes da vista, rogai por nós.

Santa Clara, socorrei-nos.

Rezar 1 Pai-nosso e 1 Ave-Maria.

5

LADAINHA DE SANTA CLARA

Senhor, tende piedade de nós,
Jesus Cristo, tende piedade de nós.
Senhor, atendei-nos.

Jesus Cristo, ouvi-nos.
Jesus Cristo, atendei-nos.

Pai Celeste, que sois Deus, tende piedade de nós.
Deus Filho, redentor do mundo, tende piedade de nós.
Deus Espírito Santo, tende piedade de nós.
Santíssima Trindade, que sois um só Deus, tende piedade de nós.

Santa Maria, Rainha das virgens, rogai por nós.

Santa Clara, rogai por nós.

Santa Clara, Luz de Assis, rogai por nós.

Santa Clara, seguidora de São Francisco de Assis, rogai por nós.

Santa Clara, modelo de santidade, rogai por nós.

Santa Clara, protetora dos pobres, rogai por nós.

Santa Clara, fundadora da Ordem das Clarissas, rogai por nós.

Santa Clara, padroeira da televisão, rogai por nós.

Santa Clara, santa da simplicidade, rogai por nós.

Santa Clara, santa da contemplação, rogai por nós.

Santa Clara, santa que cura os males da vista, rogai por nós.

Santa Clara, santa da paz, rogai por nós.

Santa Clara, refúgio contra os males que nos cercam, rogai por nós.

Santa Clara, consoladora dos aflitos, rogai por nós.

Santa Clara, santa de bondade e esperança, rogai por nós.
Santa Clara, luz que nos ilumina, rogai por nós.

Cordeiro de Deus, que tirais o pecado do mundo, perdoai-nos, Senhor.
Cordeiro de Deus, que tirais o pecado do mundo, ouvi-nos, Senhor.
Cordeiro de Deus, que tirais o pecado do mundo, tende piedade de nós.

Jesus Cristo, ouvi-nos.
Jesus Cristo, atendei-nos.

Rogai por nós, Santa Clara,
Para que sejamos dignos das promessas de Cristo.

EDITORA VOZES

Editorial

CULTURAL

CATEQUÉTICO PASTORAL

TEOLÓGICO ESPIRITUAL

REVISTAS

PRODUTOS SAZONAIS

VOZES NOBILIS

VOZES DE BOLSO

CADASTRE-SE
www.vozes.com.br

EDITORA VOZES LTDA.
Rua Frei Luís, 100 – Centro – Cep 25689-900 – Petrópolis, RJ
Tel.: (24) 2233-9000 – Fax: (24) 2231-4676 – E-mail: vendas@vozes.com.br

UNIDADES NO BRASIL: Belo Horizonte, MG – Brasília, DF – Campinas, SP – Cuiabá, MT
Curitiba, PR – Florianópolis, SC – Fortaleza, CE – Goiânia, GO – Juiz de Fora, MG
Manaus, AM – Petrópolis, RJ – Porto Alegre, RS – Recife, PE – Rio de Janeiro, RJ
Salvador, BA – São Paulo, SP